Comprendre le féminisme

Découvrez de manière claire et concise tout ce qu'il faut savoir sur le féminisme, ses origines et ses différentes formes.

Lena Hafermann

CONTENU

Ce qui vous attend dans ce livre

Le mouvement MeToo, le gender pay gap, le manspreading, le catcalling - autant de termes que l'on entend de plus en plus souvent de nos jours et qui tournent tous autour d'un thème : le féminisme. Le féminisme nous concerne tous et il est essentiel d'avoir des connaissances de base sur le sujet. Dans ce livre, vous apprendrez ce que signifient tous ces termes et en quoi ils sont liés au féminisme. Mais qu'est-ce que le féminisme ? Ne sommes-nous pas tous égaux depuis longtemps ? Fondamentalement, le féminisme vise à

Le féminisme pour l'égalité des droits et des chances, quel que soit le sexe. Dans des pays comme le Pakistan, le Tchad ou l'Iran, les femmes sont encore aujourd'hui traitées comme des personnes de seconde zone, sans aucun droit. Beaucoup sont mariées de force, ne peuvent pas aller à l'école ou travailler et ne peuvent quitter la maison que voilées et accompagnées de leur mari.

En Allemagne, la situation est plus avancée, mais l'oppression des femmes n'est pas si ancienne - jusqu'en 1919, les femmes n'avaient pas le droit de voter, jusqu'en 1958, elles n'avaient pas le droit d'ouvrir leur propre compte bancaire, elles devaient obéir à leur mari et jusqu'en 1977, la loi obligeait encore les femmes à tenir le ménage. Depuis lors, les choses ont évolué et l'article 3 de la Loi fondamentale allemande stipule que les hommes et les femmes sont égaux devant la loi. Mais dans la réalité, le patriarcat est toujours présent :

Les salaires sont inégaux sur le marché du travail, les femmes continuent à assumer la majeure partie des tâches ménagères, elles ont plus de mal à travailler car elles sont perçues comme moins qualifiées que leurs collègues masculins, elles sont moins respectées, le corps des femmes est sexualisé et les produits tels que les médicaments et les voitures sont conçus pour le corps des hommes. De plus, une femme sur trois subit des violences sexuelles qui n'ont que peu ou pas de conséquences et qui, dans 98% des cas, sont commises par des hommes. Ce n'est qu'une fraction de tous les domaines dans lesquels les femmes sont désavantagées. Le féminisme met en évidence toutes ces inégalités et les combat.

Mais y a-t-il "un" féminisme ? Dans quels domaines le féminisme est-il nécessaire ? Le féminisme aide-t-il aussi les hommes ? Et que puis-je faire pour le féminisme ? Vous trouverez les réponses à ces questions dans ce livre. Une fois que vous aurez compris comment fonctionne le sexisme, comment il se manifeste et comment le féminisme peut aider à le combattre, vous pourrez vous aussi contribuer à créer un monde moderne sans discrimination fondée sur le sexe.

Comprendre le féminisme

QU'EST-CE QUE LE FÉMINISME ?

Tout d'abord, nous devons comprendre ce qu'est le féminisme. Le terme est apparu pour la première fois en 1837, lorsque le critique social français Charles Fourier a utilisé le mot "féminisme" pour désigner l'autodétermination des femmes.

Le mot allemand feminismus y trouve son origine et dérive du mot latin femina, qui signifie femme. Le Duden le définit comme "une direction du mouvement féministe qui, en partant des besoins des femmes, vise à changer fondamentalement les normes sociales (par exemple la répartition traditionnelle des rôles) et la culture patriarcale". Cependant, étant donné la diversité de ce terme et son évolution constante au fil des années, il n'existe pas de définition unique et correcte. Bell Hooks, spécialiste américaine de la littérature, définit le féminisme de manière un peu plus politique comme "un mouvement qui vise à abolir le sexisme, l'exploitation sexiste et l'oppression".

La célèbre actrice britannique Emma Watson, envoyée spéciale de l'ONU, explique : "Le féminisme consiste à donner le choix aux femmes. Le féminisme n'est pas un bâton avec lequel on peut frapper d'autres femmes. C'est une question de liberté, de libération et d'autodétermination. Si vous êtes pour l'égalité, vous êtes féministe*". Et l'écrivaine nigériane Chimamanda Ngozi Adichie appelle féministe* toute personne qui "croit en l'égalité sociale, politique et économique des sexes". Toutes ces définitions ont au moins un point commun : le féminisme aspire à la liberté, à l'autodétermination, à l'égalité des droits et des chances, quel que soit le sexe.

Il s'oppose à un système patriarcal et sexiste qui prévaut depuis des millénaires et qui est responsable de l'oppression et de la discrimination permanentes des femmes, car dans le patriarcat, les femmes sont subordonnées aux hommes et doivent se conformer à leurs décisions . De telles conceptions culturelles sont critiquées par le féminisme. Cependant, le féminisme ne cherche pas à mettre les femmes au pouvoir en opprimant les hommes ; cet ordre social est appelé matriarcat. Le féminisme n'a pas non plus de rapport avec la haine des hommes ; celle-ci est appelée misandrie. Il s'oppose simplement aux normes patriarcales dominantes. Le but est de créer une société juste pour tous, dans laquelle aucun sexe n'est désavantagé ou favorisé.

EXISTE-T-IL "LE" FÉMINISME ?

Comme nous l'avons déjà constaté, le féminisme est multiple. Selon les courants, il défend une conception différente du genre, de la société et des inégalités. Il existe donc différents courants, dont je vous présente brièvement quelques-uns ci-dessous.

Le féminisme libéral défend l'égalité sans distinction de sexe. Chacun doit pouvoir s'épanouir librement en fonction de ses talents et de ses idées, sans en être empêché en raison de son sexe, de son origine ou de sa sexualité. Les stéréotypes doivent être brisés afin que les femmes ne soient plus cantonnées au rôle de femme au foyer et les hommes à celui de seul soutien de famille, et l'égalité des chances est au centre des préoccupations. Chacun doit pouvoir s'épanouir individuellement.

Le féminisme différentialiste met en avant la différence entre les sexes. Il s'appuie sur les différences biologiques et sur les différences culturelles et sociales entre les sexes. Ses partisans affirment que les femmes, en tant que mères potentielles, sont généralement plus sensibles, plus serviables et plus sociales que les hommes, de sorte qu'elles doivent être davantage impliquées dans des domaines importants tels que la politique mondiale et l'économie. Il faut moins se baser sur les critères masculins tout en encourageant les qualités typiquement féminines afin de permettre une cohabitation pacifique dans le monde entier.

Le féminisme conservateur ressemble au courant du féminisme différentialiste en ce sens qu'il met l'accent sur la différence entre les sexes. Les femmes ne doivent cependant pas se contenter d'être des femmes au foyer et des mères, mais doivent également avoir des chances égales dans la vie professionnelle, l'économie et la politique. Les représentants justifient cela par les compétences féminines qui peuvent offrir des avantages considérables. Les valeurs traditionnelles doivent être préservées.

Le féminisme socialiste met en avant l'égalité des sexes. Il considère que le capitalisme et le patriarcat sont à l'origine de la discrimination structurelle et souhaite renforcer le rôle des femmes dans la société afin de surmonter le système capitaliste. Après tout, ce sont généralement les femmes qui effectuent le travail de soins non rémunéré ou le travail de reproduction sous forme de soins aux personnes.

Le féminisme écologique désapprouve les liens entre l'exploitation de la nature et l'oppression des femmes. Après tout, il existe des similitudes entre la capacité de reproduction de la nature et celle des femmes et, en ce qui concerne la dégradation de l'environnement, les femmes sont particulièrement touchées en tant que mères et souvent en tant que paysannes dans le tiers monde. C'est pourquoi les théories féministes doivent inclure une approche écologique, tandis que la résolution des problèmes environnementaux doit inclure une perspective féministe.

Le féminisme radical appelle à une révolution pour mettre fin au patriarcat, car les hommes contrôlent et oppriment à tous les niveaux depuis toujours. C'est pourquoi, selon ses représentants, il ne faut pas se contenter d'abolir les privilèges masculins, mais toutes les différences entre les sexes. La simple promotion des femmes ne suffit pas.

Le féminisme queer s'oppose au système complet qui vous divise en genres. Il conçoit le genre comme quelque chose qui vous est attribué par la société, et non comme quelque chose de prédéterminé biologiquement ou psychologiquement. Il défend tous ceux qui sont discriminés d'une manière ou d'une autre, y compris les femmes transgenres, les femmes à la peau noire, les lesbiennes ou les femmes pauvres. Il a pour objectif la dissolution du genre pour faire face à la discrimination.

OBJECTIFS DU FÉMINISME

Les différents courants féministes montrent qu'il n'existe pas d'objectifs formulés de manière uniforme. Enfin, certains courants se contredisent également. Tous revendiquent au moins l'égalité des droits, l'auto-détermination, la liberté et l'égalité des chances indépendamment du sexe, et s'engagent contre la discrimination. La reconnaissance et le respect de la dignité humaine des femmes sont au premier plan. Les actes de violence à l'encontre des femmes ne doivent pas être tolérés simplement parce qu'elles sont considérées comme le sexe prétendument faible. Le comportement des femmes ne doit pas être jugé différemment de celui des hommes simplement parce qu'elles sont des femmes. Les femmes doivent être traitées avec le même respect que les hommes.

Il s'agit de briser les stéréotypes sur les rôles des hommes et des femmes afin de lutter contre les différences de traitement entre les sexes. Ainsi, les femmes ne doivent pas se considérer uniquement comme des mères et des femmes au foyer, mais doivent pouvoir s'épanouir dans leur travail comme les hommes. Les hommes doivent également être acceptés en tant que père et père au foyer, sans être stigmatisés. Les femmes doivent pouvoir accéder au pouvoir aussi facilement que les hommes, afin de pouvoir également influencer la société.

La sexualité doit pouvoir être vécue librement. En principe, personne ne doit être désavantagé dans quelque domaine que ce soit uniquement en raison de son sexe. Après tout, les hommes peuvent également être désavantagés, ce dont le féminisme tient compte. En fin de compte, l'objectif est de parvenir à une société équitable pour tous.

L'HISTOIRE DU FÉMINISME

Débuts

Le féminisme et les idées dominantes en la matière sont en constante évolution. Les revendications varient en fonction de l'époque, de la société et du milieu culturel. Les débuts du féminisme en Allemagne remontent à la fin du XVIIIe siècle, pendant la Révolution française, lorsque des hommes de basse condition se sont battus pour des droits politiques et sociaux. Des constitutions contenant des catalogues de droits fondamentaux ont été adoptées, mais les femmes n'en bénéficiaient que de manière limitée. Les femmes de la haute bourgeoisie ont saisi l'occasion de se battre pour obtenir elles aussi des droits.

L'accent était mis sur le droit à l'éducation, de meilleures conditions de travail et l'égalité entre les femmes et les hommes. Jusqu'alors, les femmes étaient invariablement sous la domination de leur mari et devaient se plier à ses décisions. Après la Révolution, cependant, les femmes ont été interdites d'activité politique ou d'association, et des militantes célèbres pour les droits des femmes, comme Olympe de Gouges, ont été exécutées.

Première vague

La première vague de féminisme est apparue au milieu du XIXe siècle dans de nombreux pays européens, aux États-Unis et en Australie. En Grande-Bretagne, à partir de 1869, les "Contagious Diseases Acts" (lois sur les maladies contagieuses), en vertu desquelles la prostitution était contrôlée par l'État et les femmes étaient considérées comme seules responsables de la propagation des maladies vénériennes, ont été contestées.

La première association générale des femmes allemandes a été fondée dans le but d'améliorer les possibilités d'éducation des femmes et de leur permettre d'exercer une profession. Pour ce faire, des écoles industrielles et commerciales ont été créées spécialement pour les femmes et un salaire égal pour un travail égal ainsi que l'égalité entre les hommes et les femmes ont été exigés. A partir de 1896, les femmes ont été admises pour la première fois à l'université. Dans la foulée, de nouveaux programmes d'études ont vu le jour, comme le travail social.

En Angleterre, la Women's Social and Political Union a été fondée. Les membres, appelées suffragettes, ont protesté pour le droit de vote des femmes en faisant des grèves de la faim, en perturbant des événements publics et en boycottant le parlement. Cela a donné naissance à une conscience féministe qui s'est propagée dans d'autres pays. En 1919, suite à des années de protestation, l'Allemagne a inscrit le droit de vote des femmes à partir de 21 ans dans la Constitution de Weimar. Hormis la Finlande, l'Allemagne a été le premier pays européen à autoriser les femmes à voter. C'était également la première fois qu'elles pouvaient participer au pouvoir politique. Parallèlement, la tutelle paternelle sur les femmes majeures non mariées et la tutelle du mari ont été abolies.

Pendant la Première Guerre mondiale, les premiers succès des mouvements féministes se sont ralentis. Alors que les hommes combattaient sur le front en tant que soldats, les femmes devaient travailler dans les usines. Même après la guerre, alors qu'une grande partie des hommes étaient soit gravement blessés, soit morts, les femmes devaient subvenir aux besoins de la famille tout en s'occupant du ménage. La guerre et l'inflation allemande de 1914 à 1923 ont entraîné une détresse sociale chez les orphelins et les veuves de guerre, ce qui a conduit à des émeutes alimentaires et à des grèves massives de la part des ouvrières. La crise économique mondiale de 1929 a entraîné la suppression de nombreux emplois, dont les femmes ont été les principales victimes. Les femmes ont dû reprendre leur rôle traditionnel de mère et de femme au foyer.

L'arrivée au pouvoir des nationaux-socialistes en 1933 a mis fin à la première vague de féminisme. Les associations et organisations féminines ont été dissoutes ou mises au pas, les femmes se sont vues interdire l'exercice de professions supérieures et le droit d'éligibilité leur a été retiré. Des militantes célèbres pour les droits des femmes et des opposantes au régime nazi comme Anita Augspurg et Alice Salomon ont dû s'exiler.

En outre, les nazis ont diffusé une image hostile des femmes intellectuelles et déterminées. Le véritable destin féminin serait d'être femme au foyer et mère. Les rapports traditionnels entre les sexes ont ainsi été rétablis. Après la Seconde Guerre mondiale et la chute du régime nazi, les femmes ont à nouveau dû travailler pour subvenir aux besoins de leur famille lorsque leur mari était blessé ou décédé. Lorsque l'Allemagne s'est progressivement rétablie dans les années 1950, les hommes étaient à nouveau les seuls à subvenir aux besoins de la famille, tandis que les femmes retournaient à leur vie de femme au foyer et de mère. Mais cela n'a pas duré longtemps.

Deuxième vague

A partir des années 1960, le féminisme a repris vie. Le fameux "lancer de tomates" de 1969 a marqué le début de la deuxième vague du féminisme. La porte-parole du Conseil d'action pour la libération de la femme, Helke Sander, a accusé les hommes du SDS d'ignorer la discrimination envers les femmes, sans pour autant être pris en compte par ces dernières.

Sigrid Rüder a alors lancé des tomates en direction de la table du conseil d'administration. Le même jour, des groupes de femmes se sont formés pour lutter contre l'inégalité de traitement. Les femmes étaient peu représentées dans les écoles secondaires et les universités, seule une femme sur trois avait un emploi et elles participaient peu à la vie politique. Les femmes qui travaillaient n'exerçaient que des professions typiquement masculines, comme secrétaire ou enseignante, et étaient mal payées.

De plus, jusqu'en 1962, les femmes n'avaient pas le droit d'ouvrir un compte bancaire et de disposer de leurs biens, jusqu'en 1977, elles devaient obtenir l'autorisation de leur mari pour exercer une profession et en cas de divorce, la femme était systématiquement considérée comme la coupable et ne bénéficiait plus d'aucun soutien financier. L'interruption de grossesse était interdite, les femmes ne pouvaient pas intenter d'action en justice contre les viols conjugaux et elles étaient seules responsables du ménage.

La féministe Simone de Beauvoir a publié un livre intitulé "L'autre sexe", dans lequel elle démolissait les mythes sur les femmes, soulignait les différences entre le sexe biologique et le sexe social et expliquait clairement que les femmes sont forcées de jouer le rôle de femme au foyer et ne sont pas destinées à le faire. Le livre a fait des vagues, les mouvements de femmes se sont à nouveau engagés pour l'indépendance et l'autodétermination des femmes et ont attiré l'attention sur les inégalités. Ils se sont notamment opposés à la baisse des salaires, à la rigidité des rôles, à l'accès limité à l'éducation et à l'interdiction de l'avortement.

A partir de 1957, les dispositions légales qui enfreignaient l'article 3 de la Loi fondamentale en tant qu'exigence d'égalité ont été progressivement abolies en RFA. A partir de 1994, l'art. 3 a été complété par : "L'État encourage la mise en œuvre effective de l'égalité des droits entre les femmes et les hommes et œuvre à l'élimination des désavantages existants". En 1961, une femme est devenue pour la première fois ministre fédéral. Il s'agissait d'Elisabeth Schwarzhaupt, en charge de la santé publique.

À partir des années 1980, les Verts ont connu un regain d'intérêt en voulant faire progresser le féminisme. La CDU a également réformé sa politique et s'est engagée à mieux concilier vie professionnelle et vie familiale. De nombreuses femmes célèbres ont admis avoir eu recours à l'avortement malgré les mauvaises normes d'hygiène et l'interdiction. Suite à la deuxième vague, l'avortement a été autorisé sous certaines conditions, une éducation sur la sexualité et les crimes sexuels a été dispensée, les femmes ont pu décider elles-mêmes si elles voulaient travailler et en tant que quoi, et des quotas de femmes et de garde d'enfants ont été introduits pour faciliter la vie professionnelle des femmes.

En 1977, la loi sur le "mariage des femmes au foyer" a été abolie, de sorte que la femme n'était plus légalement tenue de tenir un ménage. Le principe de la faute en matière de divorce a été retiré et le nom de famille de la femme pouvait également être adopté comme nom de famille. Après cette réforme du droit de la famille, l'enseignement et la recherche se sont également modernisés : pour la première fois en 1976, l'Université libre de Berlin a mis en place un programme pour les femmes, consacré à l'étude des femmes dans l'histoire, la politique, la culture et les sciences. Les études de genre ont été introduites en 1997 pour étudier les relations entre les sexes. En outre, une loi sur l'égalité de traitement entre les hommes et les femmes sur le lieu de travail a été adoptée en 1980, imposant, en plus d'un traitement égal, un salaire égal pour un travail égal, indépendamment du sexe.

Troisième vague

La troisième vague du féminisme a commencé au milieu des années 90. Le terme s'est établi à partir du "Third Wave Feminism" américain et met en avant la diversité des identités et des expériences féminines. L'hétérosexualité en tant que norme sociale et l'ordre binaire des sexes sont depuis lors remis en question.

Un féminisme intersectionnel s'est développé, qui met en évidence la possibilité de discriminations multiples. Après tout, il existe également le racisme (la discrimination fondée sur l'origine), le rejet (la discrimination des personnes handicapées) ou le classisme (la discrimination fondée sur l'origine sociale). Ce que signifie être une femme ou un homme n'est pas défini et est en constante évolution. La troisième vague a notamment autorisé le mariage entre personnes de même sexe.

Depuis la conférence mondiale des Nations unies sur les femmes à Pékin en 1995, des mesures ont été prises pour parvenir à l'égalité des sexes et à la réalisation des droits des femmes. Il s'agit notamment de la pauvreté, de l'éducation, de la violence à l'égard des femmes, des femmes dans la vie professionnelle et dans les positions de pouvoir, des droits de l'homme, de l'environnement, des médias et de l'enfance. L'accent est mis sur la conscience de soi, la liberté, l'autodétermination et l'égalité des sexes.

Parallèlement, l'antiféminisme prend de l'ampleur ; de nombreux hommes veulent conserver leurs privilèges et, en conséquence, ignorer ou diffamer le féminisme. Néanmoins, le sexisme quotidien et la discrimination sont de plus en plus souvent évoqués publiquement, afin de mettre en évidence et de minimiser les structures patriarcales toujours en place.

POURQUOI LE FÉMINISME EST-IL IMPORTANT ?

Comme le féminisme fait parler de lui depuis si longtemps, on pourrait penser que nous avons atteint l'égalité des sexes depuis longtemps. Les femmes peuvent voter, exercer une profession, les agressions sexuelles sont interdites. C'est du moins la théorie. Pourtant, aux États-Unis, environ quatre millions de personnes sont descendues dans la rue le 21 janvier 2017 pour la "Women's March". En Espagne, 5,3 millions de personnes ont manifesté lors de grèves en 2018. En Allemagne aussi, tout le monde est loin d'être satisfait de la situation actuelle.

L'égalité des sexes est souhaitable tant sur le plan juridique que social, mais elle est encore loin d'être acquise dans la pratique. Vous trouverez ci-dessous les domaines dans lesquels le féminisme est loin d'avoir atteint son objectif.

VIE QUOTIDIENNE

Selon le ministère fédéral de la Famille, des Personnes âgées, des Femmes et de la Jeunesse, les femmes consacrent en moyenne 52,4 % de temps en plus par jour que les hommes au travail de soins non rémunéré. Cela inclut toutes les tâches ménagères, le jardinage, les soins et l'assistance aux enfants et aux adultes, l'aide non rémunérée à d'autres ménages et les activités bénévoles. Les temps de trajet sont également pris en compte.

Les hommes consacrent environ deux heures et 46 minutes par jour à ce travail, les femmes environ quatre heures et 13 minutes. Même si les femmes gagnent le revenu principal de la famille, elles travaillent généralement plus dans le ménage. Ce gender care gap met en évidence la différence de temps consacré à ce que l'on appelle le travail de care. Et il n'est pas sans conséquences : Les femmes travaillent nettement plus souvent à temps partiel que les hommes pour faire face au travail de soins non rémunéré. Cela se répercute également sur leur revenu et leur retraite plus faibles. La différence est particulièrement marquée chez les femmes de 34 ans :

Les femmes consacrent 110,6% de temps en plus que les hommes aux tâches non rémunérées. C'est à cet âge que les décisions clés de la vie sont prises et que le temps consacré aux enfants augmente. C'est surtout dans les ménages avec enfants que le travail de care est le plus important, car la garde des enfants prend beaucoup de temps. De plus, les femmes assument plus souvent les tâches les plus intimes, les plus fatigantes et les plus émotionnellement lourdes, par exemple lorsqu'il s'agit de s'occuper de leurs parents. Au Royaume-Uni, par exemple, les femmes assument 70% des soins non rémunérés et sont encore moins soutenues que les hommes.

Il a été constaté par l'Office britannique des statistiques nationales que les femmes britanniques ont ainsi environ cinq heures de temps libre en moins par semaine et qu'elles combinent encore plus souvent le temps libre qui leur reste avec des activités ménagères.

En Ouganda, les femmes travaillent même six heures de plus par jour que les hommes. Cet écart a des conséquences importantes : il a un impact négatif sur la santé des femmes. Selon une étude canadienne de 2016, les femmes obtiennent de moins bons résultats après une opération du cœur, car elles reprennent leurs activités non rémunérées immédiatement après l'opération, alors que les hommes se reposent et se font soigner après une opération. En outre, les femmes sont deux fois plus susceptibles de souffrir de stress, d'anxiété et de dépression au travail que les hommes. En particulier, dans les secteurs où les heures supplémentaires sont nombreuses, la santé des femmes est plus affectée que celle des hommes ; un temps de travail compris entre 41 et 55 heures par semaine a un impact négatif sur les femmes, alors qu'aucun effet négatif n'est observé chez les hommes.

Selon une étude suédoise, le risque de maladies cardiaques et de cancer est multiplié par trois si elles travaillent plus de 60 heures par semaine pendant 30 ans. Cela n'est toutefois pas dû à une tolérance à la charge de travail fondamentalement plus faible chez les femmes ; elles assument simplement tellement de tâches non rémunérées qu'elles ne sont pas capables d'en faire plus au travail. Au lieu de cela, elles soulagent leur mari en travaillant à la maison et travaillent plus souvent à temps partiel, ce qui réduit la charge de travail de leur mari tout en leur permettant de gagner moins. Malgré les efforts physiques et psychologiques, le travail de care n'est souvent pas considéré comme un véritable travail. Un partage équitable du travail de care entre les couples permettrait aux femmes d'avoir de meilleures opportunités sur le marché du travail, d'obtenir des revenus plus élevés et de bénéficier de droits à la retraite autonomes plus importants.

Le sexisme commence par de petites choses qui passent parfois inaperçues dans la vie quotidienne. Vous avez peut-être déjà remarqué que les hommes s'assoient les jambes écartées dans le bus ou le train. Il ne s'agit pas d'un cas isolé, mais d'un phénomène si courant qu'il existe un terme bien établi pour le désigner : Manspreading. Les hommes sont cinq fois plus nombreux que les femmes à se pencher en avant dans le train.

Ils prennent la place parce qu'ils pensent inconsciemment qu'elle leur revient de droit. Le manque de considération est l'expression d'un comportement de domination et de pouvoir par lequel ils cherchent à montrer de manière subliminale leur place dans le monde. On leur enseigne dès l'enfance que quelque chose leur est dû et qu'ils doivent le prendre. Le désir de faire acte de présence s'acquiert donc dès l'enfance. Enfin, on montre et on inculque toujours aux garçons un comportement tourné vers l'action et la compétition.

Les filles, quant à elles, apprennent très tôt à céder la place aux autres et à s'effacer. Ainsi, alors que les garçons sont encouragés à se montrer bruyants, sûrs d'eux et dominants, les filles sont punies pour cela. De plus, les garçons sont encouragés à ne pas se remettre en question lorsqu'ils reçoivent de l'attention de manière négative. Les filles, en revanche, doivent être capables de se contrôler et de faire preuve de considération. Ce qui est appris si tôt dans l'enfance ne change pas soudainement à l'âge adulte. Néanmoins, cela se produit aussi chez les femmes, même si c'est dans une moindre mesure.

Toutefois, ils ne s'assoient pas tant en écartant les jambes qu'en posant leur sac ou leur sac à dos sur le siège libre à côté de leur siège. C'est ce qu'on appelle le shebagging. Cependant, moins de personnes ont un problème pour faire remarquer cela à une femme ; on accorde moins de place supplémentaire à une femme qu'à un homme. Si vous êtes confronté au manspreading ou au shebagging, vous pouvez soit réclamer votre place en silence, en vous étalant vous aussi, soit parler à l'homme ou à la femme qui prend trop de place, mais sans demander ni vous excuser. Après tout, ce n'est pas vous qui vous comportez mal, la place vous revient de droit et vous pouvez la réclamer. De plus, dans le train ou le bus, il y a généralement d'autres personnes qui peuvent vous venir en aide en cas de besoin.

Un autre exemple de discrimination qui ne saute pas aux yeux est celui des toilettes publiques. Vous avez certainement déjà remarqué que les files d'attente sont toujours plus longues devant les toilettes pour femmes que devant les toilettes pour hommes lors de concerts ou au cinéma. Mais ce n'est pas principalement parce que les femmes ont besoin d'aller aux toilettes plus souvent : Les toilettes pour hommes sont tout simplement plus nombreuses. Selon la réglementation sur les lieux de réunion, il doit y avoir huit toilettes et douze urinoirs pour 1000 hommes, et seulement douze toilettes pour les femmes. Bien que la plupart des toilettes aient la même surface au sol, les mètres carrés peuvent être utilisés par davantage de personnes en même temps en raison de la présence des urinoirs.

Il n'est donc pas étonnant que les choses aillent plus vite dans les toilettes pour hommes. De plus, pour des raisons anatomiques, l'utilisation normale des toilettes prend plus de temps chez les femmes que chez les hommes. De plus, la plupart des personnes âgées et handicapées sont des femmes et mettent donc également plus de temps. De plus, un nombre important de femmes en âge de procréer ont leurs règles, ce qui les oblige à changer de serviette hygiénique, de tampon ou de coupe menstruelle. Il ne faut pas non plus oublier que les femmes sont huit fois plus susceptibles que les hommes de souffrir d'une infection de la vessie, ce qui les oblige à aller plus souvent aux toilettes. En raison de ces différences biologiques, le partage des toilettes est loin d'être équitable.

Si nous jetons un coup d'œil à d'autres pays, nous constatons un problème encore plus grave en ce qui concerne les toilettes : 30 % des femmes n'ont pas accès à des toilettes sûres. Selon WaterAid, les filles et les

femmes passent au total 97 milliards d'heures à chercher un endroit sûr où aller aux toilettes. Dans les pays
en développement, de nombreuses travailleuses essai-
ent même de ne pas aller aux toilettes pendant toute la
journée, faute d'un endroit sûr où se réfugier et d'eau
potable. Elles ne boivent donc pas de la journée, ce qui
les expose à la déshydratation, aux infections urinaires
et vésicales et aux coups de chaleur. A Mumbai, 2,5 millions de femmes n'ont même pas de toilettes chez elles
et il n'y a que des urinoirs gratuits pour les hommes
dans les lieux publics. Dans les bidonvilles, il n'y a
qu'environ six salles de bain pour 8000 femmes et
même là, les femmes préfèrent aller quelque part à
l'extérieur. Les toilettes publiques sont en effet souvent
le théâtre d'agressions sexuelles, les femmes étant d'abord prises en embuscade avant d'être agressées.

Comme peu de gens souhaitent aborder ce sujet, il
n'existe pas de chiffres fiables sur le nombre d'agressions sexuelles subies par les filles et les femmes dans les
toilettes publiques. On estime toutefois que les femmes
sont deux fois plus susceptibles d'y subir des violences
sexuelles de la part d'hommes que les femmes qui ont
des toilettes chez elles. Cependant, se soulager à
l'extérieur augmente le risque de maladies telles que la
polio, les infections pelviennes, l'hépatite, le choléra et

les infections par les vers, faute d'eau potable. Ces maladies tuent chaque année des millions de personnes en Inde, principalement des femmes et des filles.

ÉDUCATION

Les filles et les femmes sont également reléguées au second plan lorsqu'il s'agit d'éducation. Dans les pays en développement, beaucoup d'entre elles ne vont pas à l'école, et environ deux tiers des analphabètes* dans le monde sont des femmes. Cela s'explique notamment par le fait que de nombreuses familles n'ont pas les moyens de payer les frais de scolarité. Même si les frais de scolarité sont gratuits, du moins pour les élèves de l'école primaire, les livres, les uniformes et les repas sont payants. Environ 18% des enfants âgés de cinq à quatorze ans travaillent, sans compter les enfants qui aident à la maison.

Au Bangladesh, les filles de dix ans consacrent en moyenne dix heures par jour aux tâches ménagères. Comme, en plus de l'aspect financier, l'aide au ménage disparaît et que les structures patriarcales sont renforcées, seul le garçon de plusieurs enfants est envoyé à l'école. Les chances de trouver un emploi sont de toute façon nettement meilleures pour les garçons et le chemin de l'école est souvent considéré comme trop dangereux pour les filles, alors qu'on l'impose aux garçons.

En particulier dans les situations de crise, comme les guerres ou les catastrophes naturelles, les filles vont deux fois moins souvent à l'école que les garçons. La dépendance vis-à-vis du futur mari est inévitable.

VIE PROFESSIONNELLE

L'écart de rémunération entre les sexes est calculé chaque année par le Forum économique mondial et indique la différence de revenu brut moyen entre les sexes. En termes de revenus, les hommes et les femmes ne sont pas encore sur un pied d'égalité, même si les causes en sont multiples et que ce n'est pas forcément voulu. En fait, les femmes gagnent moins que les hommes dans chaque catégorie professionnelle ; en Allemagne, l'écart salarial est parfois le plus important. On distingue l'écart de rémunération entre les sexes corrigé et non corrigé.

L'écart de rémunération entre les sexes ajusté se situe entre 2 et 7 % et prend en compte des caractéristiques comparables telles que la même profession, la même qualification et la même expérience professionnelle. En Allemagne, les femmes gagnent donc entre 2 et 7% de moins que les hommes en raison de la discrimination, même si elles occupent le même poste et ont le même parcours. Entre autres, on suppose que les femmes sont sûres de tomber enceintes une fois et de s'absenter ensuite pendant une longue période, bien que le taux de natalité ne cesse de baisser. En revanche, on part directement du principe qu'une femme ne pourrait pas concilier travail et famille, ce qui justifie des réductions de salaire ou même l'absence d'embauche.

L'écart de rémunération entre les femmes et les hommes non ajusté est de 18%, et ne tient pas seulement compte des caractéristiques comparables, mais de la rémunération totale. Il n'est donc pas tenu compte des qualifications, de la profession ou de l'expérience professionnelle. L'écart salarial est en grande partie dû au fait que les femmes travaillent plus souvent à temps partiel en raison du travail de care, ce qui leur permet de gagner moins et d'avoir peu de possibilités de promotion.

Les femmes sont également absentes plus longtemps en raison des grossesses, des congés de maternité et des congés parentaux, ce qui a également un impact négatif sur leur carrière. Une autre raison est que les femmes travaillent plus souvent dans des professions sous-payées, en particulier dans le secteur social, qui sont sous-payées précisément parce qu'elles sont dominées par les femmes. Les hommes travaillent plus souvent dans des professions prestigieuses et à prédominance masculine, telles que l'artisanat, le commerce et l'informatique, qui sont ainsi valorisées sur le plan monétaire.

Malgré des exigences et des efforts égaux, les professions à prédominance féminine sont considérées par la grande majorité de la population comme moins bien rémunérées que les professions à prédominance masculine. Parmi les professions dans lesquelles les femmes sont fortement surreprésentées, on trouve par exemple les soins aux personnes âgées, les soins infirmiers ou le métier d'éducateur(trice). Ces professions sont relativement mal payées ; dans les secteurs à prédominance féminine (dans le secteur des soins, la proportion de femmes est de 87%), on gagne environ 8 euros de moins par heure que dans les professions à prédominance masculine. Pourtant, les infirmières et infirmiers ont des responsabilités énormes, doivent effectuer un travail physiquement difficile, travaillent en équipe, sont soumis à un stress psychologique élevé et ont peu de possibilités de se reposer.

De plus, un éboueur reçoit une prime pour avoir soulevé des charges lourdes, mais pas une aide-soignante pour personnes âgées. Même les professions nécessitant un diplôme universitaire sont moins bien rémunérées dans le secteur à prédominance féminine : une assistante sociale gagne environ 16 euros de l'heure, un ingénieur environ 29 euros. Cette différence s'explique notamment par le fait qu'une grande partie des professions typiquement féminines n'ont jamais été conçues pour une carrière réussie. Après tout, les femmes quittaient généralement leur emploi à la naissance de leur premier enfant pour s'occuper de l'éducation et du ménage.

Si la plupart des gens sont favorables à une meilleure rémunération des métiers traditionnellement féminins, il en va généralement autrement dans les cas concrets. Dans le cadre d'une étude, la chercheuse en sciences sociales Katrin Auspurg a découvert qu'à qualifications et performances égales, les sujets* accordaient un salaire plus élevé à l'homme qu'à la femme. Au final, la plupart d'entre eux ont trouvé qu'un écart de salaire d'environ 8 % entre les sexes était juste, malgré un travail égal.

L'écart de rémunération entre les sexes est également influencé par les différences dans les choix éducatifs et professionnels. En effet, les stéréotypes sexistes influencent les choix de carrière : certains secteurs sont considérés comme typiquement masculins ou féminins, ce qui fait que les femmes, en particulier, n'ont pas confiance en elles pour exercer un métier à dominante masculine et se considèrent comme trop peu douées. Des études menées en 2001 et 2004 montrent que des stéréotypes tels que l'hypothèse selon laquelle les femmes ne peuvent pas faire de mathématiques, d'informatique ou de sciences influencent leur perception.

Malgré de bons résultats, elles ne se sentent pas capables d'obtenir des résultats aussi bons que les hommes dans ces matières. En revanche, les hommes se considèrent comme plus doués dans ces domaines, même s'ils ont des résultats aussi bons ou moins bons que les femmes. Cela va si loin que les femmes font dépendre la suite de leur parcours éducatif et professionnel de clichés et non de leurs capacités personnelles. Pourtant, selon le rapport TIMMS sur les mathématiques et le rapport TIMMS sur les sciences, les filles sont en moyenne meilleures en mathématiques et en sciences. Pourtant, même avec de bonnes notes, les filles ont peu confiance en leurs capacités.

De plus, les femmes ont déjà du mal à accéder à la profession de leur choix. Selon une étude menée par les économistes Dorothea Kübler, Robert Stüber et Julia Schmid, les entreprises discriminent les femmes lors du recrutement d'apprentis, en particulier dans les domaines masculins. On pense qu'elles s'intégreront moins bien dans l'équipe et on veut éviter l'absentéisme dû à des grossesses potentielles.

Un autre problème est que les petites entreprises, où seuls les hommes travaillaient jusqu'à présent, ne disposent pas d'installations sanitaires pour les femmes, qui devraient donc être construites. De nombreux employeurs préfèrent s'épargner cette dépense. Selon les économistes, le fait qu'une candidate soit une femme a un impact négatif similaire à celui d'une note inférieure.

Une étude menée en 2012 par l'université de Princeton a également examiné dans quelle mesure le sexe des candidats* influençait leurs chances d'être recrutés et est arrivée à la même conclusion : lorsqu'un candidat masculin était sélectionné, les personnes interrogées pensaient automatiquement qu'il était plus compétent et le recrutaient en priorité. Seule une lacune de quatre ans dans le CV a eu un effet plus négatif que le sexe. Les entreprises présentant une plus grande diversité de genre auraient pourtant plus de succès :

Les femmes apportent souvent des qualités peu représentées jusqu'à présent, telles qu'une meilleure capacité critique, une plus grande serviabilité, des relations sociales et elles sont plus attentives aux suggestions des employés les moins bien lotis. De plus, le fait d'avoir plus de femmes dans l'entreprise permet d'éliminer les stéréotypes existants. Recruter plus de femmes contribuera à augmenter la proportion de femmes dans l'entreprise à l'avenir ; avec au moins une femme dans le processus de recrutement, les chances pour les candidates augmentent. En revanche, les hommes occupant des postes à prédominance féminine ne sont guère victimes de discrimination.

Un autre point est la réticence des femmes à négocier leur salaire. Cela est principalement dû au fait qu'elles n'ont pas conscience de ce qu'elles peuvent demander. Selon l'économiste et formatrice en comportement Lioubov Chaikevitch, les femmes se perçoivent comme ayant moins de valeur qu'elles n'en ont en réalité et sont déjà reconnaissantes si elles sont embauchées. En particulier, si elles aiment leur travail, elles le considèrent plutôt comme un hobby et n'apprécient pas leurs propres talents.

En fait, contrairement aux hommes, les femmes sont éduquées dès l'enfance à la réserve, à la modestie et à un comportement calme, ce qui ne change que rarement au cours de leur vie. C'est pourquoi elles sont plus susceptibles d'être pénalisées pour un comportement typiquement masculin, auquel elles ne sont pas habituées et qui se traduit par une assurance, une domination et un comportement sûr. Un tel comportement n'est pas toléré chez elles, car on attend d'elles qu'elles soient tout simplement "gentilles" et modestes. Les hommes, en revanche, sont respectés et même félicités pour le même comportement.

Si vous êtes en mesure de négocier un meilleur salaire : Faites des recherches sur votre valeur de marché, sur le salaire habituel dans votre secteur, échangez avec des collègues de même niveau hiérarchique et notez vos réussites au travail. Vous devez argumenter sur vos performances et votre valeur ajoutée, et non sur votre situation personnelle. Il est également utile de répéter plusieurs fois l'entretien de négociation salariale afin de pouvoir réagir avec calme et assurance lors de l'entretien réel.

La maternité est également un facteur important de l'écart salarial. Étant donné que les femmes assument la majeure partie du travail de care et qu'elles peuvent moins travailler à temps plein, et encore moins faire des heures supplémentaires, surtout avec des enfants, elles sont désavantagées par rapport à leurs collègues masculins. Les hommes qui ont des enfants peuvent même, grâce à leur partenaire, travailler plus d'heures qu'auparavant sans enfants. De plus, les femmes ont plus de difficultés à se faire une place dans les réseaux masculins.

C'est la raison pour laquelle les femmes abandonnent plus souvent leur désir d'avoir une carrière à forte pente ; à leur entrée dans la vie active, environ 43% de toutes les femmes souhaitent encore accéder à des postes de direction, mais ce chiffre tombe à 16% après cinq ans de travail. Chez les hommes, le souhait reste le même. Selon une étude de l'Institut allemand de recherche économique (DIW Berlin), seul un homme sur quatre prend un congé parental et la plupart d'entre eux ne prennent que les deux mois qui leur donnent droit à l'allocation parentale.

Selon une étude de 2007 publiée dans l'American Journal of Sociology, les mères sont également considérées comme moins compétentes et moins engagées dans leur travail que les hommes, et elles sont moins bien payées. En outre, les mères sont soumises à des exigences plus élevées que les hommes : elles peuvent s'absenter moins souvent du travail et doivent obtenir de meilleurs résultats. Il est surprenant de constater que ce n'est pas le cas pour les pères, dont les exigences sont moins élevées que celles des hommes sans enfants.

Les femmes ne rencontrent pas seulement des problèmes en termes de procédure de candidature, de salaire ou de perception des autres dans la vie professionnelle. Elles ont également du mal à progresser dans leur carrière et à accéder à des postes de direction. C'est ce que l'on appelle l'effet du "plafond de verre".

Les femmes se heurtent généralement à cet obstacle à partir d'un poste de cadre moyen, au-delà duquel elles ont du mal à aller. La raison en est, une fois de plus, les stéréotypes qui dénient en bloc aux femmes leurs compétences, leurs qualifications et leur capacité à s'imposer, ainsi qu'un climat d'entreprise axé sur les hommes et le manque d'accès aux réseaux pour nouer des contacts. Des études ont montré que les hommes ne se contentent pas de recruter des hommes en priorité, mais qu'ils les promeuvent également.

Comme dans de nombreux autres domaines, les femmes sont censées tomber enceintes et être absentes pendant une longue période, de sorte qu'il est préférable d'embaucher quelqu'un qui ne présente pas ce risque. Les femmes continuent de subir des discriminations et d'être peu valorisées, même après avoir gravi les échelons. Selon une enquête réalisée en 2015, 75 % des femmes cadres ont déjà été victimes de discrimination. En 2012, ce chiffre n'était que de 61 %.

Elles sont désavantagées par le fait qu'on ne les considère pas d'égal à égal, qu'on leur accorde moins souvent des voitures de société, qu'on les envoie plus souvent chercher du café ou effectuer des tâches subalternes similaires, ainsi que par des commentaires sexistes et des insultes. La discrimination se traduit également par le fait que les femmes se voient confier des projets de moindre qualité, si tant est qu'elles soient prises en compte lors de la sélection, qu'elles soient moins souvent invitées à des réunions de réseau et qu'elles perçoivent des salaires et des primes moins élevés. La culture d'entreprise axée sur les hommes rend également difficile la réalisation du potentiel des femmes :

Les femmes ayant un enfant sont limitées dans leur mobilité, ont au moins de petites lacunes dans leur CV et ne peuvent pas être spontanément disponibles. C'est pourtant ce que l'on attend normalement d'elles. Si l'on s'écartait des stéréotypes sexistes et que l'on encourageait davantage les hommes à effectuer un travail de care afin de libérer le dos de leur femme, ce problème serait résolu. Les crèches d'entreprise, le télétravail et les horaires de travail flexibles permettent également d'améliorer les performances.

Dans l'ensemble, il a toutefois été réfuté que les femmes sont moins performantes et qu'elles sont responsables d'un taux de rotation plus élevé. En outre, les compétences non techniques telles que l'empathie, le sens de la communication et de l'organisation, l'écoute active, l'esprit critique et la motivation, auxquelles les femmes sont formées, sont souvent sous-estimées. Si ces qualités sont valorisées aux postes de direction de bas niveau, les qualités typiquement masculines telles que la persévérance et la détermination comptent avant tout aux niveaux supérieurs.

Il a été constaté que les femmes occupant des postes de direction élevés améliorent considérablement la collaboration, augmentent l'efficacité et l'efficience et peuvent freiner l'excès de confiance en soi de nombreux PDG. Elles sont également plus aptes à gérer les crises et plus ouvertes aux suggestions et aux critiques. Un groupe mixte obtient de meilleurs résultats. Pourtant, sur un total de 2101 entreprises, le taux de représentation des femmes au sein des conseils d'administration n'était que de 7,7 % en 2017. Et 80,7 % des entreprises ne comptent aucune femme dans leur conseil d'administration. Presque aucune entreprise n'a l'intention de changer la situation actuelle : 78,2 % des entreprises ne se fixent aucun objectif ou un objectif de zéro pour la proportion de femmes au sein de leur conseil d'administration.

Afin d'améliorer la diversité dans les entreprises, un quota de femmes a donc été mis en place le 1er janvier 2016 dans de nombreux endroits. Les sociétés cotées en bourse dont le conseil d'administration compte plus de trois personnes doivent désormais compter au moins une femme parmi leurs membres. Depuis l'introduction de ces dispositions, la proportion de femmes aux postes de direction des entreprises concernées est passée de 25% à 35,4%. Dans les entreprises qui ne sont pas soumises à ces règles, ce pourcentage n'est que de 19,9%.

En plus de l'écart de rémunération entre les hommes et les femmes, il y a également l'écart de pension entre les hommes et les femmes, qui montre la différence entre les revenus des hommes et des femmes à la retraite. En raison des causes de revenus plus faibles décrites ci-dessus, il existe également un écart important. Rien qu'en ce qui concerne la pension légale, l'écart de pension entre les sexes est de 58,5 % en Allemagne. Ainsi, les hommes perçoivent une pension moyenne de 1.148 €, tandis que les femmes ne touchent qu'une pension de 711 €. Les personnes touchées par la pauvreté des personnes âgées sont donc souvent obligées de faire des petits boulots ou de ramasser des bouteilles consignées à un âge avancé et ont du mal à joindre les deux bouts. De plus, la pauvreté des personnes âgées entraîne un raccourcissement de la vie, des problèmes de santé et un retrait social.

En particulier en Asie de l'Est, en Asie du Sud, en Asie centrale et en Afrique du Nord, les femmes ont moins de valeur que les hommes ; selon les estimations de l'UNICEF, plus d'un million de fœtus sont avortés chaque année uniquement en raison du sexe féminin attendu, rien qu'en Inde et en Chine.

Dans ces régions, les filles, même bébés ou jeunes enfants, sont souvent délibérément mal soignées pour provoquer la mort ou directement tuées. En Inde, les raisons sont principalement financières ; les femmes courent un risque plus élevé en raison de la dot qu'elles reçoivent en cas de mariage. Cette dot consiste à transférer des biens ou des équipements domestiques du père de la mariée au père de l'époux, ce qui représente un coût financier important. Les frais de scolarité et d'éducation sont également élevés. En Chine, les avortements de fœtus féminins sont plutôt culturels, les femmes étant fondamentalement considérées comme ayant moins de valeur et l'homme étant le chef.

De plus, de 1978/1989 à 2015, la "politique de l'enfant unique" était en vigueur, durant laquelle une famille ne pouvait avoir qu'un seul enfant. En cas d'infraction, les contrevenants s'exposaient à une amende et à des sanctions telles que la perte de leur emploi ou de leur maison. En raison de la tradition confucéenne de maintien de la succession masculine, les filles étaient par la suite fréquemment avortées.

Selon un rapport du Fonds des Nations unies pour la population (FNUAP), les filles et les femmes pauvres ont trois fois plus d'enfants que les riches, faute d'accès à la contraception et à l'éducation. Le manque d'accès à la contraception touche environ 214 millions de femmes dans les pays en développement et 43% des grossesses ne sont pas désirées. On estime qu'environ 48 millions d'enfants sont avortés chaque année. Selon le ministre allemand du Développement, Gerd Müller, l'éducation primaire peut réduire le taux de grossesse de 13 % et l'éducation secondaire de 42 %.

Les contraceptifs sont considérés comme un moyen de liberté et d'autodétermination, car depuis leur introduction en Allemagne, les femmes ont pu, pour la première fois, contrôler leur corps et décider si elles voulaient ou non s'exposer au risque de grossesse.

Lorsque la pilule contraceptive a été mise sur le marché il y a environ 60 ans, elle était donc considérée comme un signe d'émancipation. Au fil des années, les effets secondaires possibles sont devenus de plus en plus visibles ; les femmes souffraient de sautes d'humeur, de migraines, de prise de poids, de perte de libido, d'une peau moins bonne, de crises d'angoisse, de dépression, de saignements entre les règles et d'un risque accru de thrombose et de cancer. Au total, 55% de toutes les femmes ont déclaré dans le cadre d'une enquête que la contraception par la pilule ou d'autres moyens de contraception hormonaux comme le stérilet hormonal avait des effets négatifs sur le corps et l'esprit. Souvent, les jeunes filles en particulier ne sont pas suffisamment informées et se voient prescrire la pilule, comme Tictacs, alors qu'il est prouvé qu'elle affecte le corps physiquement et psychologiquement.

Lors de l'arrêt, le corps a parfois besoin de six à douze mois pour s'habituer au changement, et de nombreuses femmes ne réalisent que pendant cette période à quel point elles ont changé sous l'influence de la pilule. Vu l'ampleur des effets secondaires, la pilule ne devrait même plus être commercialisée d'un point de vue actuel.

La tendance est désormais à l'abandon des contraceptifs hormonaux au profit des préservatifs, du stérilet en cuivre, de la chaîne en cuivre ou de la prise de température et de l'analyse de la glaire cervicale. Malheureusement, les recherches sur les alternatives non hormonales restent rares, car les contraceptifs hormonaux rapportent beaucoup d'argent à l'industrie pharmaceutique. La contraception est toujours considérée comme une affaire de femmes ; pour les hommes, il n'existe jusqu'à présent que le préservatif, auquel les femmes contribuent indirectement, et la vasectomie, qui consiste en une section partiellement réversible des canaux déférents. Certes, la pilule masculine devrait déjà être commercialisée, mais 10 % des personnes testées se sont plaintes de maux de tête, de sautes d'humeur et de perte de libido.

Bien que cela se produise dans les mêmes proportions que chez les femmes, le produit a été rapidement abandonné. Si l'on intensifiait la recherche sur les moyens de contraception pour les hommes, ils pourraient soulager les femmes tout en ayant une plus grande influence sur l'aspect de la planification familiale. Même si des recherches sur des alternatives sont déjà en cours et qu'une grande partie des hommes est favorable à davantage de possibilités de contraception, le financement par l'industrie pharmaceutique fait défaut. La contraception reste pour l'instant l'affaire des femmes.

La pilule n'est pas la seule à ne pas être améliorée. Il y a un grand manque de données dans le domaine de la médecine, car les médicaments utilisés jusqu'à présent sont en grande partie destinés aux hommes et font l'objet de recherches sur eux. Le corps masculin est considéré comme la norme, le corps féminin comme "anormal" et "atypique". Auparavant, on pensait que la biologie des hommes et des femmes fonctionnait à peu près de la même manière, mais on le sait mieux aujourd'hui. Néanmoins, les médicaments sont adaptés à l'homme type de 70 kg, les manuels médicaux ne montrent presque que des illustrations masculines et les informations spécifiques au sexe sont absentes, même sur des sujets où les différences entre les sexes sont connues depuis longtemps. Ces différences existent notamment pour des maladies telles que la dépression, le VIH, le cancer, l'alcoolisme et les crises cardiaques.

Une crise cardiaque chez une femme se manifeste notamment par des nausées, des vomissements, des douleurs dans le dos ou le cou et une sensation d'oppression dans la poitrine, tandis que chez un homme, elle se traduit par une douleur aiguë dans la poitrine qui se prolonge dans le bras gauche. Mais comme les facultés de médecine enseignent en priorité les symptômes masculins, une crise cardiaque chez une femme est rarement ou pas du tout reconnue. Les essais cliniques de médicaments ont été présentés comme valables pour les hommes et les femmes, même si seuls des hommes y ont participé.

Les effets secondaires des médicaments chez les femmes ne sont souvent même pas mentionnés dans la notice d'emballage et le dosage des médicaments est généralement conçu pour un corps d'homme et agit très différemment chez une femme. Ces lacunes dans les données sont appelées "gender data gap". Depuis les années 90, les études sur les médicaments doivent également être menées sur des femmes. Pourtant, la proportion de sujets féminins dans les premiers essais cliniques de phase I n'est que de 10 à 40 %, alors qu'elle est de 30 à 80 % dans les phases II et III. Dans de nombreux domaines, les femmes auraient dû participer deux fois plus souvent pour obtenir des résultats solides.

DESIGN

Les médicaments ne sont pas les seuls à cibler les hommes. Lorsqu'il s'agit de vérifier la sécurité des voitures, on utilise des mannequins de crash-test censés correspondre au corps humain. Cependant, jusqu'à récemment, un mannequin de 1,77 mètre et de 76 kilos était utilisé, c'est-à-dire un mannequin correspondant à la taille moyenne des hommes. Il en résulte que les femmes ont 47% de risques supplémentaires d'être gravement blessées et 17% de risques supplémentaires de mourir.

Comme les femmes sont généralement plus petites et plus légères, l'appui-tête absorbe plus difficilement les chocs, la ceinture de sécurité ne tient pas compte des seins et du ventre d'une femme enceinte. Et comme les femmes doivent généralement régler le siège plus haut et plus en avant, elles s'écartent de la position standard et augmentent ainsi le risque de blessures internes. Entre-temps, un test d'homologation de l'UE exige également le test avec un mannequin adapté aux femmes. Mais ce mannequin n'est utilisé que sur le siège du passager avant et sa forme n'est qu'un mannequin masculin plus petit.

La taille masculine, qui devrait s'appliquer à tous les êtres humains, ne désavantage pas seulement les femmes dans la conception des voitures. Même les pianos sont taillés pour une main d'homme moyenne, si bien que 87% des pianistes adultes sont désavantagées. Cela a des répercussions sur leur santé, car elles souffrent plus souvent de maladies professionnelles et sont deux fois plus exposées à la douleur. De plus, elles ont beaucoup de mal à atteindre les mêmes performances au piano que les hommes.

Un autre produit conçu pour les mains des hommes est le téléphone portable. Un homme de taille moyenne peut utiliser son smartphone normalement, alors qu'une femme de taille moyenne a besoin de ses deux mains. De même, le logiciel de reconnaissance vocale de Google a été programmé uniquement du point de vue des hommes. Ainsi, la voix d'un homme a 70% de chances de plus d'être reconnue que celle d'une femme. Cela peut même être dangereux : Les logiciels de reconnaissance vocale en voiture sont censés améliorer la sécurité au volant et éviter la distraction. Mais s'il y a des problèmes parce que le logiciel reconnaît plus difficilement la voix d'une femme, la distraction est d'autant plus grande.

Le vice-président de la reconnaissance vocale du fabricant de systèmes de navigation automobile ATX, Tom Schalk, a déclaré que les femmes devraient simplement adapter leur voix au système plutôt que l'inverse. Il a toujours été plus facile de blâmer les femmes pour un problème dont elles ne sont pas responsables que de s'attaquer au cœur du problème. En fait, les voix féminines sont même plus compréhensibles, car elles parlent plus lentement et plus distinctement et allongent davantage les voyelles que les hommes. Malheureusement, cela n'aide pas si les bases de données ne sont remplies que de voix masculines, sur la base desquelles des logiciels sont ensuite développés.

Ce sont loin d'être tous les domaines dans lesquels la conception d'un produit est adaptée aux hommes. La température du bureau est trop froide de cinq degrés pour une femme moyenne, les portes sont trop lourdes, les meubles trop hauts. Cette liste n'est pas exhaustive, car de nombreux domaines dans lesquels les femmes sont désavantagées ne sont même pas connus. Cela s'explique par le fait que pendant des siècles, les hommes ont été autorisés à prendre toutes les décisions et n'ont apporté que leur perspective ; les femmes sont longtemps restées invisibles, en arrière-plan. Leur corps et leur vision du monde ont été traités comme une norme universelle, et cela ne change que lentement.

De plus, les femmes sont jugées de manière péjorative sur leur apparence. En particulier lorsqu'elles s'expriment avec assurance et confiance, comme c'est souvent le cas des hommes politiques, des scientifiques ou des cadres supérieurs, leur tenue est commentée ou leur corps insulté. On cherche ainsi à leur dénier une place, à les délégitimer et à montrer qu'on ne les considère pas avec respect.

Les femmes en surpoids sont traitées avec beaucoup plus de mépris que les femmes minces. L'apparence a toujours été importante et les femmes attirantes ont toujours été mieux traitées et considérées comme plus sympathiques. Cependant, les proportions actuelles sont sans précédent. Les femmes apprennent qu'elles doivent être belles pour être valorisées, ce qui est inquiétant d'un point de vue social, médical et moral.

Les médias jouent un rôle important en diffusant l'image corporelle parfaite d'une femme et en la présentant comme un idéal inconditionnel. Cinq mille publicités par jour enseignent aux femmes qu'elles doivent plaire aux hommes et être un objet sexuel. L'industrie des cosmétiques et de la mode soutient cette démarche, toutes les imperfections du corps des mannequins sont retouchées, le corps est photoshopé. Les programmes de régime et les shakes protéinés n'ont jamais eu autant de succès. Les super-héroïnes féminines portent des tenues moulantes et beaucoup de maquillage, et la Barbie classique, qui sert de modèle à de nombreuses jeunes filles, ne serait même pas viable en raison de sa forme corporelle irréaliste.

Il existe des émissions comme "Germany's Next Topmodel", pendant lesquelles la moitié de l'Allemagne se moque des tentatives de mannequinat des femmes. Pour les hôtesses de l'air, un certain maquillage et des chaussures hautes sont obligatoires. Et les produits ou services liés à l'apparence, comme les rasoirs et les visites chez le coiffeur, sont plus chers pour les femmes que pour les hommes. Partout, les femmes sont confrontées à ce à quoi elles doivent ressembler. L'estime de soi est déterminée par l'évaluation de leur corps, plus encore que pour les hommes, car les femmes ont toujours été davantage la cible d'une représentation esthétique que les hommes. Cela conduit à la dépression, à la chirurgie esthétique et à une augmentation des troubles alimentaires.

De plus, les femmes sont plus touchées par la violence que la moyenne ; en ce qui concerne la violence domestique, elles sont victimes à 81%. La violence a souvent lieu dans l'entourage proche, toutes les 45 minutes une femme est victime de coups et blessures de la part de son partenaire. Pourtant, selon une étude de l'UE, seul un cas de violence domestique sur trois est dénoncé. La violence sexuelle est la forme de violence la plus courante à l'encontre des femmes ; 30 % des femmes en Europe en sont ou en ont été victimes. Sur les 15 millions de filles âgées de 15 à 19 ans qui ont subi des violences sexuelles dans le monde, 9 millions en ont été victimes au cours de l'année écoulée.

Et de manière surprenante, l'auteur de l'agression est dans un cas sur quatre son propre partenaire ancien ou actuel. En cas de viol, de contrainte sexuelle ou d'agression sexuelle au sein d'un couple, la femme est la victime dans plus de 98 % des cas, contre 89 % en cas de harcèlement, de menaces ou de coups et blessures, 79,5 % en cas d'agression et 76,4 % en cas d'homicide. Chaque jour, un homme tente de tuer sa partenaire actuelle ou précédente et y parvient un jour sur trois. Il s'agit toutefois d'un sujet largement tabou ; les médias parlent souvent de "tragédie familiale" ou de "drame de la jalousie". Il en résulte que ces "féminicides" sont considérés comme des cas isolés et non comme un phénomène de société. La situation émotionnelle peut même avoir un effet atténuant sur la peine.

En fait, la violence subie pendant l'enfance influence considérablement la vie adulte. Si vous avez été maltraité par vos parents, vous avez trois fois plus de chances de subir des violences de la part de votre partenaire à l'âge adulte que si vous n'avez pas vécu de telles expériences. De plus, 75% des femmes ont été harcelées sexuellement au moins une fois dans leur vie. Le lieu du harcèlement varie, il a lieu sur Internet, à la maison, au travail, à l'extérieur, pendant les loisirs.

Le harcèlement n'est pas l'apanage des classes sociales défavorisées ou de certains groupes d'âge, mais se produit partout. Le harcèlement est perçu comme humiliant et effrayant. Souvent, les victimes d'agressions sexuelles doivent même se justifier, comme si elles étaient responsables d'une manière ou d'une autre. Une agression sexuelle est souvent justifiée par la tenue vestimentaire de la victime, comme si l'on provoquait le harcèlement et que l'agresseur* ne pouvait pas se retenir si l'on portait une robe courte. Or, la tenue vestimentaire n'a guère d'importance, car les délits contre l'autodétermination sexuelle ne diminuent pas en hiver, lorsque tout le monde porte des vêtements chauds.

L'une des causes des agressions sexuelles réside plutôt dans un comportement de domination et de pouvoir. Les agresseurs* veulent dominer l'autre et se l'approprier sexuellement. Une autre raison est la volonté d'exercer une agression sexuelle sur une femme afin de se venger de toute la gent féminine qui serait responsable de tous les malheurs de la vie de l'agresseur. La plupart des agresseurs ont une très faible estime d'eux-mêmes, ils n'ont aucun respect, certains sont même sadiques.

Les auteurs de harcèlement sexuel, qui se manifestent par exemple par des remarques suggestives, l'incitation à des actes sexuels ou l'envoi de photos sexistes ou pornographiques, présentent également des traits de caractère similaires. Il s'agit à nouveau de démontrer son pouvoir, de rabaisser l'autre personne et de lui manquer de respect. Pendant longtemps, ces délits n'ont pas été pris au sérieux, ils ont été passés sous silence et considérés comme des faits mineurs.

Mais un changement se fait jour : des campagnes d'éducation sont mises en place. Au lieu de "Protégez votre fille", on dit maintenant "Éduquez votre fils". On appelle de plus en plus à dénoncer à la police ce que l'on considère comme un petit harcèlement, afin de faire comprendre que de tels actes ont des conséquences et ne sont plus acceptés en silence. Le débat MeToo d'octobre 2017 a fait le tour du monde. Le hashtag #MeToo a été utilisé sur les réseaux sociaux dans le sillage du scandale Harvey Weinstein pour attirer l'attention sur l'ampleur du harcèlement et des agressions sexuelles.

Harvey Weinstein, le producteur de cinéma le plus influent d'Hollywood, avait usé de son pouvoir pour harceler sexuellement, abuser, contraindre ou violer d'innombrables femmes. Parmi les femmes concernées figurent ses employées, ses collègues et des actrices comme Cara Delevingne, Angelina Jolie, Salma Hayek et Gwyneth Paltrow. Après que deux journalistes du New York Times, Jodi Kantor et Megan Twohey, aient rapporté le comportement de Weinstein, une réaction en chaîne s'est déclenchée et de plus en plus de femmes célèbres ont fait part de leur expérience d'agression sexuelle par Harvey Weinstein.

Il a été révélé à cette occasion que de nombreuses personnes de son entourage étaient au courant, comme l'ensemble du conseil d'administration de la Weinstein Company et l'acteur Ben Affleck, et qu'elles avaient pourtant passé le sujet sous silence. Par la suite, un débat public sur l'ignorance délibérée des comportements sexuellement agressifs et du harcèlement a été lancé et Harvey Weinstein a été condamné à 23 ans de prison le 11 mars 2020.

Le hashtag MeToo n'a cependant pas été utilisé uniquement en référence à Weinstein ; la créatrice de mode et productrice Alyssa Milano a lancé un appel sur Twitter pour qu'elle fasse part de ses propres expériences de violence et de harcèlement sexuels sous le #MeToo. Le lendemain de l'appel, le hashtag comptait déjà un demi-million de tweets. Pour renforcer la lutte contre le harcèlement sexuel, le site "Dickstinction.com" a même été créé pour permettre aux internautes de dénoncer facilement une "dickpic" (la photo d'un organe génital nu envoyée par quelqu'un). Par ailleurs, il est question d'inscrire le catcalling dans le code pénal. Il s'agit d'une infraction pénale en France et dans quelques autres pays, et n'est considéré comme une insulte que dans certains cas en Allemagne.

Le fait que l'homme soit considéré comme la norme continue de se manifester dans le langage. Lorsque nous parlons d'un groupe mixte, nous utilisons uniquement le masculin pluriel : les médecins, les enseignants, les élèves, etc. Cette forme est appelée le masculin générique. Générique signifie que le mot est un terme générique universel.

Dans cette façon de parler, nous utilisons l'homme comme norme et rendons la femme invisible. Au lieu de cela, nous voulons simplement qu'elles se sentent également concernées. Dans la réalité, nous constatons que ce n'est pas le cas. Les filles et les femmes ne se sentent pas concernées par le masculin. Et on a déjà constaté que les écoliers ne s'imaginent que des personnes de sexe masculin lorsqu'ils entendent le masculin générique dans un groupe. Alternativement, le langage non sexiste s'impose, en particulier dans les médias et les universités, où les médecins, les enseignants, les élèves, etc. sont écrits avec un astérisque après le radical du mot. Ainsi, le masculin et le féminin sont indiqués et l'étoile au milieu indique tous les autres genres qui ne sont ni masculins ni féminins. Au lieu de l'astérisque, on peut également utiliser les deux points, le Binnen-I, une barre oblique ou une formulation non sexuée (par exemple "les enseignants") pour le genre, afin de s'adresser également aux personnes non binaires.

A l'endroit où se trouve le caractère spécial, un court espace est laissé à l'oral. De cette manière, tous les sexes sont inclus et présents. Cela a eu un impact : dans une classe où l'on a utilisé l'antidatage, beaucoup plus de filles ont osé choisir des professions à prédominance masculine et s'écarter des rôles stéréotypés. Et lorsque les offres d'emploi étaient contrastées, le nombre de candidatures féminines était nettement plus élevé. Le masculin générique ne permet pas à lui seul de penser à tous les sexes, mais il a un effet de soutien, comme l'a découvert le linguiste Josef Klein. Les critiques estiment que le genre perturbe la fluidité de la lecture. Cependant, des études ont montré qu'en utilisant systématiquement le genre, il est possible de s'habituer rapidement à la nouvelle façon d'écrire et de parler.

LE FÉMINISME EST-IL AUSSI POUR LES HOMMES ?

Comme vous avez pu le constater, le féminisme est loin d'avoir atteint son but. Entre-temps, l'antiféminisme progresse dans le monde entier ; de nombreux hommes craignent les changements imminents et voient leurs privilèges menacés. De plus, le féminisme est souvent assimilé à la haine des hommes, alors qu'il ne fait que critiquer le traitement préférentiel dont bénéficient les hommes.

La présence accrue des femmes suscite souvent une certaine réticence, de sorte que des messages misogynes sont systématiquement diffusés, en particulier sur Internet. Le féminisme ne défend pas seulement les femmes, mais s'oppose à la discrimination de tous les sexes. Peu d'hommes souhaiteraient vivre une vie marquée par les jeux de pouvoir, la discrimination et l'oppression. Après tout, les hommes souffrent également de stéréotypes bien ancrés : il est socialement mal accepté que les hommes montrent des "moments de faiblesse". Nous connaissons tous des expressions comme "sois un homme pour une fois", "un cœur d'Indien ne connaît pas la douleur" ou des insultes comme "espèce de fille" pour critiquer l'expression des sentiments, de la sollicitude ou de la tendresse.

L'image répandue selon laquelle les hommes doivent toujours être courageux et forts s'appelle la masculinité toxique. Elle conduit les hommes à demander moins souvent de l'aide pour ne pas montrer leur faiblesse. De nombreuses études ont montré que plus les normes classiques de la masculinité sont respectées, plus le risque de développer une dépression est élevé. Le pourcentage de maladies mentales enregistrées est plus élevé chez les femmes que chez les hommes, mais les hommes se suicident beaucoup plus souvent. Selon l'Office fédéral des statistiques, la proportion d'hommes se suicidant en 2019 était d'environ 76 %.

La cause principale du suicide est la dépression ; plus de 70% des suicidants* souffraient auparavant de cette maladie. Même lorsque les hommes cherchent de l'aide à temps, la dépression est beaucoup moins reconnue chez eux, car elle est toujours considérée comme une "maladie de femme" dans la conscience publique. En raison de cette mentalité, moins de recherches ont été menées jusqu'à présent sur la dépression chez les hommes. On sait aujourd'hui que la dépression se manifeste différemment chez les hommes que chez les femmes : L'agressivité accrue et les comportements addictifs sont plus fréquents. En raison d'une recherche insuffisante et donc de diagnostics erronés, le nombre d'hommes dépressifs est nettement plus élevé qu'on ne le pensait jusqu'à présent. Les hommes ne sont pas seulement moins enclins à demander de l'aide dans le domaine des maladies psychiques ; ils consultent généralement moins souvent une aide médicale et résolvent plus souvent les problèmes par la violence, ce qui conduit aux actes de violence fréquents contre les femmes présentés ci-dessus.

En outre, selon une étude pilote menée en 2004 par le ministère fédéral allemand de la famille, des personnes âgées, des femmes et de la jeunesse, les hommes sont plus souvent victimes de violences physiques de la part d'autres hommes ; dans 90% des cas, la personne en face est un homme. Comme dans le cas de la violence domestique, ce phénomène n'est souvent pas pris au sérieux ou est passé sous silence, de sorte que le nombre exact d'incidents et de victimes n'est pas clair.

Les hommes ont également du mal à être éducateurs. Dans plus de deux tiers des crèches, il n'y a pas un seul éducateur ; c'est encore une profession à prédominance féminine. Si un homme décide de travailler comme éducateur, il se fait remarquer et est rapidement soupçonné de vouloir abuser sexuellement des enfants. En raison de l'image traditionnelle des rôles, de nombreuses personnes trouvent inhabituel qu'un homme veuille s'occuper d'enfants et les éduquer dans le cadre de son travail, et les accusent de pédophilie sans aucun indice. Autrefois, les hommes en formation n'étaient donc même pas autorisés à changer les enfants. Et ce, bien qu'il soit prouvé que les éducateurs masculins peuvent représenter un modèle masculin pour les enfants, qu'ils sont aussi qualifiés professionnellement que les femmes et qu'il y a déjà une pénurie de personnel qualifié dans le secteur. Afin d'améliorer l'acceptation sociale, des campagnes d'annonces ont été lancées, des possibilités d'accès à la profession ont été offertes et les éducateurs peuvent se connecter à des forums en ligne.

Les hommes sont également désavantagés par rapport au système scolaire. Les filles ont tendance à être mieux évaluées que les garçons, car elles sont souvent plus silencieuses, cherchent à plaire aux enseignants et ont une plus belle écriture. Les enseignants ne savent souvent pas gérer les élèves pubères ; chez les garçons, la puberté s'exprime différemment que chez les filles et est moins bien comprise. De plus, lors de l'attribution des notes, les filles parviennent mieux à convaincre l'enseignant d'augmenter la note, car elles ont tendance à pleurer plus souvent.

Même dans le droit de la famille, les hommes sont plus souvent victimes de discrimination que les femmes. Jusqu'en 2013, un père qui n'était pas marié avec la mère de l'enfant ne pouvait pas obtenir la garde de l'enfant contre la volonté de la mère. Mais ce n'est pas le seul point de la loi qui, jusqu'à récemment, était discriminatoire à l'égard des hommes : indépendamment du fait que le service militaire obligatoire est désormais controversé, jusqu'en 2011, la loi n'obligeait que tout citoyen masculin à effectuer son service militaire.

Depuis lors, la conscription est suspendue, mais pas totalement abolie. En cas de guerre, seuls les hommes devraient donc effectuer leur service militaire, pas les femmes. Cela va à l'encontre du principe d'égalité de traitement de l'article 3 de la Loi fondamentale. La Cour constitutionnelle fédérale a néanmoins décidé que le service militaire obligatoire n'était pas invalide, car le législateur a ajouté ultérieurement le "service militaire obligatoire pour les hommes" à la loi, créant ainsi une loi spéciale prioritaire par rapport à l'article 3. Ce raisonnement est toutefois douteux.

L'argument souvent avancé est que les femmes
sont en moyenne considérées comme moins aptes au
service militaire que la moyenne des hommes en raison
de différences physiologiques et biologiques. Cet argument n'est pas convaincant car, d'une part, il y a plus
qu'assez de tâches au sein de la Bundeswehr qui peuvent être effectuées par des personnes physiquement
plus faibles et, d'autre part, il faudrait créer un critère
neutre en termes de genre.

Après tout, les femmes peuvent aussi être plus for-
tes que les hommes, de sorte qu'une généralisation
semble absurde. Un autre argument populaire est que
les femmes consacrent une partie similaire de leur vie
à mettre au monde et à élever des enfants ou à s'occuper de leurs proches. Cet argument est lui aussi discu-
table, étant donné qu'il n'y a pas d'obligation d'avoir
des enfants pour les femmes, qu'il y a de moins en
moins de naissances et qu'il faudrait plutôt encourager
les hommes à participer au travail de soins et au congé
parental. Il n'en reste pas moins que la réglementation
reste marquée par les stéréotypes sur les rôles respec-
tifs des hommes et des femmes.

Des études montrent que les hommes aussi se
portent mieux dans un monde plus égalitaire et plus
égalitaire. De nombreux hommes agissent déjà de

manière féministe sans s'en rendre compte. Vous avez peut-être déjà soutenu le féminisme, par exemple en aidant une femme victime de harcèlement sexuel ou en voulant accorder à une femme le même salaire qu'à ses collègues masculins après le dernier entretien d'embauche. Vous avez également contribué au féminisme en remettant en question les stéréotypes de genre, en critiquant vos amis pour leurs idées sexistes ou en laissant votre fils jouer à la poupée. C'est en s'unissant et en luttant ensemble contre l'injustice dans le monde, quel que soit le sexe, que l'on obtient le plus de résultats.

Que puis-je faire pour le féminisme ?

Vous avez maintenant appris ce qu'est le féminisme, quelles en sont les tendances, ce qu'il cherche à accomplir et pourquoi il est important. Malheureusement, selon l'étude Ipsos Global Advisor, seules 28% des femmes allemandes se considèrent comme féministes et seulement un homme sur cinq.

L'Allemagne se place ainsi en quatrième et dernière position par rapport à 27 autres pays. Cependant, nous devrions tous considérer le féminisme comme une opportunité d'éliminer les inégalités liées au sexe afin de créer une société sans ces différences. Pour savoir comment devenir vous aussi féministe, suivez les étapes suivantes.

1. informez-vous !

Essayez d'en apprendre le plus possible sur le féminisme et le sexisme et sur la manière dont ils s'expriment dans notre monde et le transforment. Vous pouvez lire des livres sur le sujet, regarder des documentaires et des reportages ou écouter des podcasts et des livres audio. En outre, vous pouvez vous renseigner auprès de votre entourage et échanger des informations sur le sujet. Vous serez ainsi plus sensible à la discrimination sous toutes ses formes et pourrez découvrir comment vous aussi, vous êtes inconsciemment influencé par les rôles que vous avez intériorisés. C'est la première étape pour pouvoir lutter contre la discrimination.

2. formez votre propre opinion et défendez-la !

Une fois que vous aurez rassemblé suffisamment d'informations sur le féminisme, vous serez en mesure de vous forger une opinion fondée et objective. Remettez en question vos opinions antérieures et réfléchissez par vous-même, plutôt que d'adopter des opinions préconçues et répandues, et prenez vos propres décisions. Réfléchissez à votre position sur un sujet donné et discutez-en.

Votre opinion est importante et mérite d'être entendue ! Si vous parvenez à convaincre une connaissance, un membre de votre famille ou un ami de l'importance du féminisme, vous aurez déjà apporté une contribution précieuse. Vous pouvez également devenir actif et vous engager politiquement ou participer à des manifestations pour exprimer votre opinion.

3. remettez-vous en question !

Remettre en question ses propres pensées et comportements peut être désagréable et inconfortable. Il se peut que vous découvriez que vous avez inconsciemment adopté un comportement sexiste. Vous considérez peut-être que votre opinion est plus importante que celle des femmes, vous faites souvent des commentaires désobligeants sur les femmes, vous utilisez des insultes sexistes ou vous avez tendance à faire du mansplaining, c'est-à-dire à penser que vous en savez plus sur un sujet que vos interlocuteurs féminins. La prise de conscience est le premier pas vers l'amélioration ! Si vous vous rendez compte que vous avez inconsciemment intériorisé des rôles stéréotypés ou des schémas de pensée discriminatoires, vous pouvez également agir contre cela et faire mieux à l'avenir.

4. affichez votre féminisme !

Le terme "féministe*" a encore une connotation négative et est souvent assimilé à la haine des hommes. Montrez qu'il ne l'est pas en vous identifiant comme féministe. Vous normaliserez ainsi le terme et contribuerez à lever la stigmatisation. Après tout, tous les sexes souffrent des structures patriarcales et pas seulement les femmes.

5. faites preuve de courage civil !

Il existe de nombreuses situations dans lesquelles vous devez faire preuve de courage et prendre position pour vous-même ou pour d'autres personnes. N'hésitez pas à sortir de votre zone de confort et à lutter contre le sexisme. Celui-ci se rencontre déjà dans la vie de tous les jours, par exemple lorsque les hommes se font dire "Sois un homme !" et que les femmes se font insulter de "salope" parce qu'elles portent des vêtements courts.

Ou lorsqu'une femme est obligée de faire des comptes rendus ou d'aller chercher du café alors qu'elle a les mêmes qualifications que ses collègues masculins.

De plus, de nombreuses femmes sont quotidiennement victimes de harcèlement sexuel, que ce soit au travail, dans les transports ou même dans le cercle d'amis. Agissez contre ce phénomène et montrez que vous ne tolérez pas ce type de comportement et qu'il ne doit en aucun cas être considéré comme normal et acceptable. Vous soutiendrez ainsi tous ceux qui en sont victimes et pourrez susciter un changement de mentalité dans votre entourage. Après tout, il ne s'agit pas d'une lutte entre les sexes, mais de l'image socialement marquée dans la société.

6. écoutez les personnes concernées !

La meilleure façon de comprendre d'autres perspectives est d'écouter les personnes concernées qui partagent leur expérience du sexisme. En tant que personne non concernée, vous ne remarquez probablement pas beaucoup de choses et vous avez donc une autre façon de penser. En vous basant sur l'expérience d'autres personnes, vous pouvez alors développer votre opinion et être plus sensible à la discrimination.

7. étudiez des œuvres de femmes !

Les femmes sont toujours sous-représentées dans les secteurs de la littérature, de la musique et du cinéma.

Leurs œuvres sont perçues comme moins importantes et moins valorisées que celles des hommes, sans qu'aucun élément ne vienne étayer cette idée. Par conséquent, recherchez des livres, des films, des œuvres d'art ou des morceaux de musique écrits par des femmes et mettez-vous à leur place. Vous ferez ainsi en sorte que les femmes soient également plus présentes et plus visibles dans votre esprit.

8. encouragez les modèles de pensée non sexistes chez vos enfants !

Dès leur plus jeune âge, les enfants sont influencés par la société. Les garçons aiment le bleu, les filles le rose. Les garçons aiment les super-héros et jouent aux voitures, les filles aiment les princesses et jouent à la poupée. Les garçons deviennent médecins, les filles infirmières. Les garçons peuvent être bruyants et dominants, les filles silencieuses et réservées. Ce sont des rôles typiques qui sont encore intériorisés et encouragés.

Cette pensée est présente tout au long de la vie et il est difficile de l'éliminer. Elle se reflète également dans le comportement des adultes et peut présenter des inconvénients majeurs. Si vous avez des enfants, efforcez-vous de leur donner une éducation non sexiste afin d'éviter ces inconvénients. Utilisez votre rôle de modèle ! Vous pouvez ainsi remettre en question les rôles sexuels figés et encourager le développement indépendant et autonome de vos enfants.

www.ingramcontent.com/pod-product-compliance
Lightning Source LLC
Chambersburg PA
CBHW051250160726
47994CB00003B/1109